다른 사람을 사랑해도 사랑한다

김문자

제주에서 태어났다.
2024년 『경인일보』 신춘문예를 통해 시인으로 등단했다.
시집 『다른 사람을 사랑해도 사랑한다』를 썼다.

PARAN IS 14 다른 사람을 사랑해도 사랑한다

1판 1쇄 펴낸날 2025년 11월 30일
지은이 김문자
인쇄인 (주)두경 정지오
디자인 이다경
펴낸이 채상우
펴낸곳 (주)함께하는출판그룹파란
등록번호 제2015-000068호
등록일자 2015년 9월 15일
주소 (10387) 경기도 고양시 일산서구 중앙로 1455 대우시티프라자 B1 202-1호
전화 031-919-4288
팩스 031-919-4287
모바일팩스 0504-441-3439
이메일 bookparan2015@hanmail.net

ⓒ김문자, 2025, printed in Seoul, Korea

ISBN 979-11-94799-18-4 03810

값 12,000원

*이 책 내용의 전부 또는 일부를 재사용하려면 반드시 저작권자와 (주)함께하는출판그룹파란 양측의 동의를 받아야 합니다.
*잘못된 책은 바꾸어 드립니다.
*지은이와의 협의 하에 인지는 생략합니다.
*본 도서는 인천광역시와 (재)인천문화재단의 후원을 받아 '2025 예술창작지원사업'에 선정되어 발간되었습니다.

다른 사람을 사랑해도 사랑한다

김문자 시집

시인의 말

물결인 사람

당신을 보았던 기억이 납니다

차례

시인의 말

제1부
물의 방향 – 11
아무것도 없는 사람 – 12
침묵이 길어지면 – 14
유혹 사용 설명서 – 16
사월의 객관적 상관물 – 18
자전거를 타고 화성으로 – 20
깊어서 그래요 – 22
면식범 – 24
자유민주주의 여자 – 26
로마에서 온 편지 – 28
처음보다 끝이 아름다운 – 30
케이프타운에서 온 펭귄의 서사 – 32

제2부
유물론자 – 37
친해질 뻔했잖아 – 40
문득, 서간문 – 42
얼마나 뜨거워야 전해질까요 – 44
사랑하면 앙큼하기 – 46
분리되는 섬 – 48
딴 주머니 속 눈물 보자기 – 50
여수의 진심 – 52
홍등 – 54

내 바다 – 56

돌아갈 수 없다면 – 58

태우면 캄캄하니까 – 60

다른 사람을 사랑해도 사랑한다 – 62

제3부

밟히면 보이는 것들 – 67

동사로 살았다 – 70

쏟아지는 기분 – 72

릴리트의 별식 – 74

비바체로 내리는 하이든 – 76

착한 여자 – 78

구피는 꽃 – 80

느타리를 포르노로 해석함 – 82

비로소 – 84

목적지를 벗어날 때 – 86

돌하르방 – 88

직사각형으로 살아가기 – 90

부부별곡 – 92

제4부

무 – 97

어린 무잎 실루엣 – 98

돌아오는 맛 – 100

바람의 적도 – 102

애플망고 – 104

달로 가는 나무 – 106
스캔들 – 108
오후 다섯 시 장미 – 110
서귀포 여자 – 112
잘 죽어야 맛있는 것들 – 114
황제의 꽃 – 116
강의 반대편에 앉아 – 118
바다 우물 – 120

해설
황정산 기하학적 서정과 동사적 상상력 – 122

제1부

물의 방향

 멀구슬나무 뿌리가 물길인가요 입구가 터진 동그라미인가요 물길의 강약은 흐르면서 저울질하죠 물에 빠져 본 사람도 그 깊이를 몰라요 물은 중력을 믿지만 힘을 빼니까 물길을 거스르면 물의 저항으로 뿌리가 박혀 버릴지도 몰라요 박힌 뿌리가 낙타의 등이라면 믿을 수 있나요 사막의 모래는 물길을 보호하는 식물 그늘을 만들어 주는 모든 식물의 뿌리는 아래로 두고 낙타와 상인에게 오래된 약속으로 오아시스를 선물하죠 물의 형태로 바위 밑이나 흙더미를 만나면 '물길'이라고 동그랗게 말해 보세요 호흡을 가다듬고 다시 한번 길게 말해 보세요 물방울이 모여 큰 물줄기로 흐르는 소리가 들리죠 그때 귀를 아래 방향으로 늘여 보세요 옆집 멀구슬나무 뿌리가 당신의 물길일지도 모르죠

아무것도 없는 사람

― 오늘은 회색, 그렇게 울었다

동요하지 않고 흘러가는 수면 위로 여자의 이력들이 떨어졌다 강은 나뭇잎을 모서리로 몰았고 나뭇잎이 강을 밀어내면 강은 떨어지는 여자를 태우고 다녔지만 다른 강과 만나지 않았다

강이 밀어내면 어디로든 떠나야 하는 여자는 강을 따라다니는 나뭇잎처럼 물에 잠긴 숲의 채도가 짙어질 때 물속으로 속을 감추었다

나뭇잎이 된 여자가 강의 깊이까지 갔다가 올라와 깊은 곳에는 아무것도 없어서 비밀이라고 말하였다

아무것도 없는 사람은 전부를 가진 사람

아무것도 없는 비밀은 한 가지만 오래 보면 알 수 있어

아무것도 없는 사람이 강 밑바닥에 아무것도 없다고 말하지만
―

강은 강만 알아야 하는 비밀을 속이 가득한 나무와 함께 여자처럼 흘러간다

침묵이 길어지면

一　　왼뺨을 맞고 오른뺨도 내주었어요

"피하면 쌍방인데"

사마리아인은 경찰인가요
모독죄에 해당한다고 싹싹 빌고 겨우 풀려났어요
때린 사람이 발 뻗고 자는 세상
왼손이 하는 일 오른손이 알게 하면 이름이 알려지고
돈이 많으면 좋은 사람이 될 수 있어요

배춧잎으로 돈을 만들어 나눠 주면 불법인가요
신고를 안 하면 죄인가요

돈이 없어서 걷기 운동을 시작했어요
비포장도로를 같이 걸었던 꽃들은 어디 갔나요
어떻게 하면 들은 넓어질까요
올리브 가지를 물고 온 새는 언제 파닥거릴까요
옷이 젖지 않는 비가 내리면 좋겠어요

二　　무단 횡단을 하며 손까지 흔들어 놓고 다음 주에 안 나오면

성금요일인가요 불타는 금요일인가요
그날 난 누구의 정낭에 들어 있었죠
정낭이 죄의 본질이라면 나는 악인인가요
악이 죄가 아니라면 착한 죄인일지도 모르겠네요

"아버지, 죄가 없으면 죽어요"

다시 안 올 거라면 답장이라도 걸어 주세요
침묵도 길어지면 거짓말로 생각하니까

유혹 사용 설명서

―
  다른 방법은 없었을까요

  이 제품은 소비자를 무시한, 그렇지만 퀄리티가 높은 구성이군요

  사과와 뱀, 어느 한 가지도 가볍게 할 수 없는 주연급이잖아요
  에덴에는 모든 게 품절이었어요
  바람과 공기는 무제한이었고 식물들은 무농약이라서 대박이 났죠
  모천으로 오는 연어를 잡는 놀이쯤은 수렵 활동이라고 해두죠

  사과와 뱀
  원 플러스 원이라고 플래카드를 걸었더군요
  뱀이나 사과 한 가지만 사고 싶은데 주인은 거절했죠

  뱀은 혀가 짧아 알아들을 수 없었지만 사과는 나와 눈이 맞았죠

―

사과가 익어 가는지 가슴이 뜨거워요
뱀의 혀가 이상해요
혀가 짧아서 못 들은 줄 알았는데 혀 속에 사용 설명서가 있어요

둘 다 독이 있으니 조심해서 다루시기 바랍니다
둘 중 하나가 없어지면 여자에게 물어보면 찾을 수 있습니다
뱀이 하는 말을 메모할 것을 권장합니다 (발뺌을 잘해서)
여자의 발꿈치는 보이지 않아야 합니다 (여자의 뒤태를 좋아해서)
남자를 끌어들이면 안 됩니다 (책임을 안 지니까)

사용 설명서 밑부분에 이런 말이 있더군요

잘 이용해도 시너지 효과는 없습니다
사과와 뱀은 함께할 수 없습니다

하나는 죽여야 하지만 예외가 있습니다
둘이 눈이 맞으면 다른 인류가 생길 수도 있습니다

사월의 객관적 상관물

―
  벚꽃이 터졌다 그런 밤에, 하얀 새우는 그녀가 먹었던 마지막 바다
  염분이 없다

  을왕리 바닷가에서 소금빵을 먹으며
  사월의 문장에 대해 핏대를 세우는 건
  사치라고 말하는 이견들
  주제가 없어서 토론은 사방으로 튀었고 맛이 뜨거울 뿐
  짜거나 싱거운 건 미각이 아닌 시각
  흩날리는 벚꽃을 이해하는 미세한 바람, 아무것도 안 하고 밤을 새웠다

  돌아가야 하는 시간, 무심코 핸드폰을 열고 휘청거렸다

  말하지 마
  내가 확인할게

  하루 사이에 입관과 하관의 어린 장례가 핸드폰에 있다
  벚꽃이 상복도 못 입고 날렸다
―

오래 서 있다가 어리다고 욕을 했다
죽은 사람에게 하는 욕은 반사가 안 되는 욕

사월의 초입에 새벽 거리를 미친 듯이 달리고
벚꽃도 미친 듯이 피어 있다
아름답다는 말과 미친다는 말은 벚꽃 아래서는 같은 말이다

자전거를 타고 화성으로

―
　너무 뜨거워서 반으로 잘랐어요
　중력으로 중심을 잡고 달리고 있어요
　처음부터 덩어리라서 한 방향으로 가고 있어요
　앞쪽으로 힘을 줄게요
　지구의 중심은 나니까
　지구가 굴러가는 속도는 다리의 힘이 아니에요
　간격이죠

　지구는 비타민 같아요
　푸른 이끼가 자라는 땅이라면 바람이 지구를 자라게 하겠죠
　페달에 힘을 주세요
　분리된 지구는 뒤쪽에 심장이 있어요
　소식을 마라톤으로 전한다면 지구가 조금이라도 서늘해
지겠죠

　지난밤 얼마나 뜨거웠는지
　소리를 질렀어요
　토론하면 더 늙어 버리는 얼굴, 지구를 닮았어요

―
　심심해서 지구로 자전거를 만들었어요

앞과 뒤는 중요하지 않아요
어느 곳을 잘라도 지구는 둥글게 굴러가는 회전문
손잡이에 브레이크를 걸면 처음으로 돌아갈 수 있어요

바람으로 가는 자전거를 만들겠어요

화성인들이 지구를 식히려고 도착했어요
화성에서 온 지구인들이 자전거를 타고 지구를 돌리고 있어요

지구의 심장 소리에 자전거가 날고 있어요

화성에 갔다 올게요

깊어서 그래요

一 가을이 왔나?
  귀가 듣지 않고 말을 한다

  여름이 갔어!
  한쪽 귀를 손바닥으로 막았다

  열려 있는 쪽으로 빠져나가는 소리
  듣지를 않아서 돌아갔어요

  굴절된 소리, 귀의 신음이에요
  빨간 하늘에서 내리는 파란 비를 상상해 보세요
  비 내리는 바다가 까맣다고요?
  그건 깊어서 그래요
  깊은 것들은 잘 들리지 않아요
  나를 내려놓으면 들릴까요
  소리를 제대로 들을 준비를 하는군요
  귀를 접거나 손가락으로 구멍을 막지 마세요
  소리의 길은 막는다고 돌아가는 게 아니에요
  귀를 기울여 보세요
二 고여 있던 소리가, 쏟아지는 소리가 들리나요

소리의 눈이 멀리 퍼지고 있다면 당신이 보았던 기억은
풍경입니다

 들리는 걸 잘 보고 보는 걸 잘 들어서
 체리 모양의 소리가 밖으로 나오면 물이 쏙 빠지는 소리가
들리죠?

 귀가 듣는 소리가 아무리 싱싱해도
 가을을 보내려면 짝이 있어야 해요

 왼쪽으로 들어온 소리를 오른쪽으로 보내려면
 하루만 A/S 받아 보세요

면식범

도둑년

박 보살이 엄마를 불렀다 귀찮아서 가만히 있자 부엌으로 들어가 이 봉지 저 봉지 뒤진다 한치와 생선이 없어졌다 박 보살이 무안해할까 봐 가만히 있었다고 하자 엄마가 등을 후려쳤다

도둑놈

샤워할 때 아버지 친구가 찾아왔다 샤워기를 잠그고 숨을 죽였다 마루를 지나 안방 문 여는 소리가 들렸다 대학 입학 선물로 사 준 세이코 시계가 없어졌다

나쁜 애

할머니가 깊이 잠들었다 할머니 몸뻬에서 만 원짜리 두 장을 뺐다 길이 울퉁불퉁하도록 술을 마셨다 그 후로 할머니와 자지 않았다

도둑질

죽어도 좋은 것들이 있다

멸치를 훔쳐 간 녀석을 잡기 위해 덫을 놓고 돌아왔을 때 비명이 들렸다 라디오 볼륨을 높였다 발버둥 치는 덫, 옮아

매는 건 덫이 아니라 비명 소리다 오싹한 전율에 햇빛이 얼마나 붉은지 죽은 듯 보이지만 숨이 붙어 있다 멸치를 훔친 쥐 나보다 80배나 작은 족속을 살릴 수도 죽일 수도 없어 해는 넘어가고

자유민주주의 여자

물장사를 했죠

수법은 술술 넘기기, 싱싱한 나의 폐는 담배 연기 속에 숨어 있어요
담배는 절망하는 내장을 위로했어요
머리카락 역시 붉게 탔어요

대학에 물 전공과가 있으면 좋겠어요
미치지 않으면 잘살지 못하는 민주주의를 혐오했죠
그래서 남자가 떠났으니까

유서 쓰기를 취미로 가졌던 남자의 여자
멋진 호텔 근처에서 술만 판 게 아니었어요
Donde Voy를 흐르게 했죠
진짜예요
갈 곳이 없는 취객들은 좋아했어요
그리고 가끔은 바가지를 씌웠어요 모욕한 값으로

싱싱한 폐가 궁금했어요
청춘은 폐보다 싱싱하지 않더군요

심심해서 헤어졌어요
심심해서 담배를 끊었거든요
달이 담배 연기가 걸려서 한번에 끊었죠

그 남자를 잊지 못하는 건
착한 사람들이 말하는 나쁜 걸 배운 거죠
부모님 돈 훔치고 다음 날 들어가기
취중 핑계로 고백하기
사실 이제는 이런 것들도 싱거워요

사람들은 퍼붓는 걸 잘해요
불의에 지불되는 비용은 무한정이니까
사랑할 때보다 헤어질 때 요구하는 숫자는 민주주의의 최댓값이죠

돈이 없는 그 남자, 잘살았으면 좋겠어요

로마에서 온 편지

—
형, 왜 우리 일을 자기들이 결정한대
신유박해 때문인가
그럼 우리 제사 지내도 되는 거야

그 양반 비행기에서 내려 땅에 입 맞출 때
둥그렇게 구부린 등은 넓은 바다였어
잠시 고래 꿈을 꾸기도 했어
그 양반이 사랑한 서울, 전쟁은 없다고 생각했으니까
로마의 법은 서울에서 빛났지

형, 서울이 엉망이야
툭하면 찔러, 찔러 놓고
기억상실 우울증 음주 심신미약 조울증 때문이라면
나도 해당하는 거야
정의의 저울이 한쪽으로 기울어지는 건 내 탓이기도 해
어제는 술 취한 거지에게 만 원을 줬더니
택시비 달라고 징징거려서 술이 없어지기를 기도했어
술은 주인 행세를 하니까
술이 없으면 서울이 적적해? 아니 냉정해?
—

형도 조심해 요즘은 힘센 사람도 소용없어
힘센 사람일수록 위험한 서울의 법은 관대하니까
서울이 좀 울면 좋겠어
빗줄기가 파랗게 살아나게

형, 답장은 카톡으로 한 줄
사랑은 소리 내지 않는 거라고

처음보다 끝이 아름다운

―
그는 혁명가였죠
그래서 사랑했어요 혁명당하고 싶었거든요
비유가 그의 무기였어요
비유는 불의 혀가 되어 나를 달구었죠
우리 관계는 외로움이었어요
사랑의 빈도와 횟수는 중요하지 않아요

그의 사랑은 only가 아닌 everyone

사랑법이 확실하지 않아 남아 있기로 했죠
그의 비유가 혁명적이니까
나의 사랑도 only는 아니었죠
그게 돌을 맞을 일이어서 그의 비유는 빛이 났죠
처음으로 누군가를 사랑하기로 했어요
외로웠거든요

꽃이 지는 십이월은 더 아름답군요
사랑의 극단적 선택은 이별이거나 외로움이거나
사실 이 비유도 맞지 않지만

―

혁명의 결말은 두 가지뿐이죠
내가 살거나 내가 죽거나

그는 어느 날 죽었다가
사흘 만에 내 앞에 나타났어요

그때부터 혁명은 사랑이 되었어요
처음보다 더 외로웠지만 아름다운 끝에 그는 혼자 있어요
내가 혼자일 때 그의 비유는 빛이 나요

비유가 마음에 들지 않는 사람들은 그를 죽이려고 해요
어제도 죽었는데 오늘도 죽어야 하나요

함께 떠나기로 했어요
더 사랑해서

케이프타운에서 온 펭귄의 서사

1.

눈 내리는 날
모든 정물은 뜨겁게 따라왔다

수십 마리 펭귄이
행인들을 바라보며 눈을 파먹고 있다

케이프타운의 펭귄은
쌀밥과 눈송이를 구분하지 못하여 뒤척인다

인도양을 건너온 날개의 파닥거림은
언제라도 떠날 수 있다는 수화이거나
케이프타운의 바다를 떠나온 여정

눈 내리는 한국은 이민자를 위해 살기 좋은 한철
이월의 눈은 낭만이다

누군가 미끼를 던지며 즐기고 있다

인간의 이기와 풍요가 케이프타운의 펭귄을 거리의 풍경으로 만들고 있다
　사육당하는 그들의 처진 어깻죽지를 보는 일이 미안하지 않다면
　언젠가 우리도 그들처럼 풍경이 되어야 자연스럽다

　2.

　제발 주지 마세요
　날렵한 펭귄으로 살게 해 주세요

　케이프타운의 바다는 뜨겁고 하늘은 목이 아파요
　우리가 여기까지 온 이유죠
　당신들이 건설한 플라스틱 성, 오염의 정도를 초과한 일인데도
　당신들은 가슴을 치지 않는군요
　머리가 좋고 부족한 게 없으니 우리 같은 족속을 돌보는 걸 낙으로 여기죠

　다른 행성으로 떠날 생각이라면 우리는 여기서 살게 해

— 주세요

　　야생으로 살게 해 주세요

제2부

유물론자

 자개장을 바라보며 울었어

 광택 복원제를 묻혀 누렇게 뜬 자개장을 닦아야 한대
 손톱이 못난이 진주처럼 반짝였어
 장롱 속, 할머니 속까지 닦아 냈지만 못 닦은 게 있었어

 열린 자개장 사이로 파도 소리가 들려
 부서지는 건 할머니의 시간
 뭐든지 모아서 돈으로 바꾸지만 할머니의 재산은 뜯지 않은 바니 사탕
 한 봉지 사서 자랑하고 자랑하면 소중한 거지

 장롱 안에는 할머니의 보물이 있었어
 침몰한 선박처럼 후라이팬은 왜 거기 있었을까
 한구석에 있는 검은 봉다리는 할머니의 유물, 접어 놓은 집문서와 지폐와 금반지가 있어
 잃어버렸던 운동화가 금고였어
 산호초가 박힌 반짇고리에서 바니 사탕이 쏟아졌지
 바니 사탕을 진주로 착각했는지 날 밀치고 웃는 거야
 말을 하면 모아 둔 것들이 사라질까 봐 웃기만 하는 할머니

검은 봉다리에서 비린내가 난다고 치우라고 했어
 분 없는 바니 사탕이 바윗덩어리가 되어 할머니 머리를 눌렀던 거야
 할머니를 끌어안았어

 바니 사탕을 사다 드렸더니 한 알 주더군, 눈물이 났어

 사탕을 입안에 넣고 할머니의 계곡 같은 얼굴을 오래 만졌어
 계곡에는 숨을 곳이 많아
 나를 숨겨 주었던 계곡을 다 찾지 못하고
 검은 봉다리에 들었던 유물들은 정리해서 자개장 깊숙이 넣어 드렸지
 팔을 뻗으면 만질 수 있게 할머니의 시각으로 자개장을 닦았어

 할머니의 바다가 닫혔어

 조미김을 마당에 널어놓고 박스를 챙기지 못한 십일월

햇빛 속으로 들어가신 할머니는 나오지 않았어

바닷소리가 들리고 어떤 사람이 지나가면 비린내가 나
나도 알고 있는 그 사람이 젊어져 가는 할머니였으면 좋겠어

바니 사탕에서 들리는 할머니 숨비 소리

내 얼굴에 계곡이 생겼어

친해질 뻔했잖아

一

암이래
바득바득 오래 살아서 제대로 죽고 싶대

암이 안 보여서 하마터면 죽음에 대해서 토론할 뻔했어
밤이라 할 일은 없고, 말을 해야 하는 모임이었거든
그 남자와 밤길을 걷고 싶었어

믿음이 갔어, 암이라서

마지막이라는 말이 비감하게 들리는 밤
마지막 사람의 말을 들어주면 책임을 져야 할 것 같아
암이 마지막이 아니었으면 하는 생각을 하면서
눈치채지 못하게 얼굴을 읽었어
암이 안 보였어 하지만 암 같아
인생을 허투루 살지 않을 것 같은 그와 눈이 맞았어
나도 처음으로 오래 살고 싶다는 생각을 했어

구겨진 채 자는 사람들을 밟지 않고 나오기가 힘들었어
지난밤에 암을 마신 것처럼 머리가 너무 맑아
어느 한곳을 표적당한 거 같아

二

슬그머니 돌아갈까
암에게 인사를 하고 가면 그렇고 그런 사이가 되는 걸까
아무것도 할 수 없는 시간이야
앞으로도 그럴 수밖에 없는 시간이 올지도 몰라
시동 소리가 들렸어
짐작이 가는 사람이야
계룡저수지로 출발하는 시간에 암이 대신 떠난 거 같아
잘 떠났어
친해질 뻔했잖아

문득, 서간문

―   사랑은 넘어오는 일, 일종의 자기개발서였어요

   당신의 도발로 특별한 존재가 되었죠
   어두운 골목길, 나타나도 나타나지 않아도 당신은 한심한 일류였죠
   한심한 일류에 취해 나 또한 교만한 일류가 되었죠
   사실 교만이 즐거웠거든요
   고백할게요
   꽃은 좋아하지만 꽃다발은 싫어해요

   붉은 장미와 흰 장미가 가득한 꽃바구니를 받았어요
   붉은 장미가 당신의 안부이고 흰 장미가 결백이라면
   지금이라도 촘촘한 연서를 보내도 될까요

   꽃의 진심을 모르겠어요
   문득 나타날 것 같아 거울에 비친 교만을 다듬어요
   불쑥 들어오는 사람이 당신일 수도 있으니까
   바짝 마른 흰 장미에 물을 뿌렸어요

―   따뜻한 물컵을 만지작거리면 문득 잊고 싶은 사람

어디선가 당신은 안녕한가요

당신을 통해서 알게 된 나를 다시 불러내고 싶군요

찾을 수 있지만 숨겨 줄게요

문득은 지나간 일, 그런 날은 오지 않아요

얼마나 뜨거워야 전해질까요

一
　　당신의 심장은 멀어요

　　멀어진 당신의 옆모습만 보아도 빠르게 뛰는 심장
　　괜찮다고 정말 괜찮다고 달래 보지만
　　좋아하지 않으면 설레는 일이 없다고
　　얼굴을 달아오르게 하는 주연이죠

　　우리, 심장 근처에서 만나요

　　사랑하니까 같은 속도로 뛰고 있는 심장
　　미워할 때도 흥분되는 심장, 주먹을 쥔 적도 있지요
　　주먹이 무엇을 해야 할지 아는 심장
　　한꺼번에 뛰지 않고 조금씩 나누어 뛰는군요
　　그렇다면 당신을 향해 뛰는 심장도 멈출 수가 있군요
　　당신을 위해 쉬어 주는 완벽한 타이밍으로
　　가슴에 들어 있는 주먹을 펴고 심장의 길을 터 주세요

　　심심하면 심장 밖에서 상영되는 영화를 봐 토론은 하지 마
　　원하는 걸 가질 수 없으면 만질 수 있는 것만 가까이 두면 돼
二　*소문으로 돌아온 사람이 된 온도는 다르지 마음이 식었다고*

잘못될 건 없어 심장 근처에 많은 길이 있으니까

  좋은 사람의 심장은 싱거울 수 있어요
  싱거우면 모든 맛을 낼 수 있거든요
  심장이 싱거우면 곧 잊어버리죠
  잊지 못하면 심장이 터지기도 해요
  나갔던 심장이 돌아오려면 시간이 걸려요

  멀리 가면 더 잘 들리는 심장
  한 걸음만 오세요, 뛰어갈게요

사랑하면 앙큼하기

一 무덤까지 가기로

 발을 헛디뎌 굴렀다 범죄는 정리된 현장, 아버지를 보자 지나가던 동네 오빠가 밀었다고 했다 범인을 만들어 놓고 질문하는 아버지에게 사실을 말하는 건 불효라는 생각이 들었다 아버지는 온 동네를 다 뒤졌고 상처가 아물어도 집요한 탐문은 계속되었다 현장을 이야기할 때마다 수정되는 문장이 아버지의 가슴을 파먹었다 본 적이 없는 사람이라는 거짓말은 꾸며진 진실이라서 불안했다 아버지가 돌아가실 때 말하고 싶었지만 아버지는 내게 유산을 물려주지 않았다

 배웅하기

 국화 속에 싸인 남자가 돌아간 곳을 알 수 없어 하늘을 본다 어디 가서 실컷 울고 나면 그 사람이 어디로 갔는지 알 수 있지만 그 사람이 돌아가는 곳과 내가 돌아가는 곳은 달라서 육개장 한 그릇을 먹었다 국화 속 남자에게 국화꽃을 통과하면 좋은 세상이라고 말하고 싶지만, 사랑은 앙큼한 것, 겉과 속이 다르다 그도 남들이 가는 곳으로 갔으면 좋겠
二 다 국화 속 남자를 잘 알고 있는 여자가 인사를 한다 내가

돌아가지 않고 밤샘할까 봐 걱정하는 아버지의 여자는 나를 싫어한다 사랑은 나누면 반감되는 것, 여자는 목이 마르다며 탄산음료를 마신다

  앙큼하게 사랑하기

  진짜 사랑하면 침묵하기로, 숙성되지 않은 사랑은 말이 많다 무덤까지 가는 길에 국화는 배웅하는 미소였다 남자가 있는 무덤을 파헤쳐도 얻어 낼 수 없는 사랑

  돌아가도 만나지 못하는 사람, 안 보고 싶던 사람도 앙큼하게 사랑하면 보고 싶다

  기다린 김에 조금 더 기다리면 사랑은 앙큼한 것, 다시 온다

분리되는 섬

一
　죽음은 몇 년을 등진 얼굴도 볼 수 있는 일

　아버지가 돌아가셨다는 수화기 저편으로 가기 위해 비행기를 탔다

　이륙, 나는 땅에서 분리되었다

　죽음은 다른 나라로 이주하는 것 멀어질수록 잘 볼 수 있는 곳
　구름이 너무 빨라 잡을 수가 없어서 유리창 밖에서 아버지는 벌써 별이 되었다

　아버지 목소리는 미끄러져도 잊을 수 없어요
　균형을 잃게 하는 지금의 시간, 눈을 감으면 보일까요

　내게서 멀어지던 아버지가 달리고 있네요 비행기가 배라면 아버지의 닻줄을 내리고 싶어요 갈매기 떼와 돌아오는 만선의 하얀 깃발은 갑판에서 죽어 가는 물고기 비늘인가요 갈치 꼬리가 흔들려요 팔딱이는 물고기가 아버지를 따라 땅으로 올라오면 밧줄은 어디에 묶을까요
—

제가 서 있는 돌기둥으로 밧줄을 던지세요
파도가 너무 높아 잡을 수가 없어요
해풍에 그을린 아버지가 슬퍼서 끝을 놓쳤어요

아버지 호통치지 마세요 난 아버지의 꼬리가 아니에요

말하는 꽃들이 피어나고 새로운 딸이 태어나는 섬,
그 섬에도 아버지의 배가 있을까요
바다는 잔잔할까요

아버지, 사람이 바뀌는 그 섬에는 가지 마세요
사랑한 적 없이 헤어지는 건 죄질이 나빠요

딴 주머니 속 눈물 보자기

어두워서 운 게 아니었어요
울 수 있는 건 삭제할 수 없는 기억이라서
등을 두드려 주고 머리를 쓰다듬어 고개를 들 수 없어요
외동딸 체면이 서려면 시원하게 우는 거죠
물이라도 한 잔 마시면 눈물이 나올까요

눈물을 짜는 사람, 자기기만일지도 모르죠
퉁퉁 부은 말간 눈두덩은 마음을 갈아엎은 표식이죠
우는 만큼 넓어지는 빈자리
넘치도록 울려면 쉬는 시간이 필요해요
울음을 잠깐 그치고 흰 꽃밭을 망치고 싶어요

흐려지네요, 곧 비가 올 것 같군요
눈물이 나오지 않으니까 그게 낫겠어요

눈물이 나오지 않는 눈에서 피가 나요
진짜 상주는 조금씩 울어야 해서 혀를 깨물죠
남들은 눈물이 없어 곡을 할 때
나는 눈물이 말라 눈이 아파요
눈물이 없어서 그런 건 아니에요

숨은 눈물에 대해 들어 보셨나요
숨은 눈물은 항상 딴 주머니 속에 있죠
누구나 하나쯤 딴 주머니를 가지고 있지만
타인을 위해 주머니를 풀어놓지는 않아요
어떤 울음도 타인을 위한 눈물은 없으니까

카네이션으로 오신다면 화전으로 내어 드릴게요

정성껏 울면 누군가 주변을 정리해 주지 않을까요

여수의 진심

가장 좋은 곳으로 가자 했어
갈치를 주먹처럼 뭉쳐 조림으로 파는 곳에 내려 주더군

양은 냄비 속 쩔쩔 끓는 갈치조림을 먹는 사람들
불그스레한 입언저리가 뜨거워 보였어

나와 반대로 가고 있는 여수의 밤거리를 걸었어

입안에 남아 있는 여수의 비린 맛으로 걷는 일은
돌아가기 위한 마지막 선택이었어

빠르게 걸었어 흐르는 불빛들이 나를 부르고 있어

걸음을 멈추고 돌아보았어
너는 나였니
나를 만나기 위해 지금까지 걷기만 했던 거 같아

길은 하나였어
어두운 길도 환한 길도 같은 길이었어
누군가를 위해 걸었던 길도 나를 위해 걸었던 거야

낯선 거리의 화려한 밤, 멋있게 보이려고 말을 아꼈어

해상공원의 바다는 어두울수록 잘 보여
묶여 있는 하얀 선체가 흔들리고 있어
언제라도 떠날 수 있는 배를 바라보며
울고 있어, 지나온 날들을 기억하나 봐

돌아오길 잘했어

홍등

一

저기 불꽃 좀 봐

빨간 팬티가 걸려 있어
바람났다는 인증이잖아

홍등을 걸어 두는 집, 휘감으면서 피는 꽃은 너무 뜨거워
입술만 보인다

개미 떼를 피해 태양 아래를 걸어야 했어
반짝이는 건 초록, 초록도 뜨겁기는 마찬가지
다르게 살려면 능소화처럼 돋보여야 할 때

집집이 홍등 한두 개는 걸어 놓고 살더군
감나무가 있는 어느 집 사랑채가 벌겋게 달아올라
겨울까지 흔들릴 것 같아
누구를 기다리냐고 물어보면 시절을 기다린다는 달
능소화와 달 사이에 불꽃이 일었지

양반집 마당에만 심던 꽃이라 그런가

二

능소화를 양반꽃 혹은 금동화라 불렀대

함부로 못 보고 함부로 못 만지고
함부로 말하지 말라고 높이 피어나는 능소화
어디든 올라가 주변을 감아 버리니 뜨거울 수밖에
글만 알던 양반 뜨거운 입술에 홀린 거지

가을이 가기 전에
감나무 집 사랑채에 불이 붙겠어

내 바다

一 　비밀을 말할 때마다 구멍이 생겼고 파도가 일었다

　헤어지는 바다
　오래 사랑해도 밖에 있는 사람, 오늘의 날씨를 말하는 앵커의 코가 얼굴과 맞지 않는다고 트집을 잡는다 사랑하는 사람을 안으로 들여와도 해일이 없다고 투덜거린다

　은둔의 바다
　아버지가 아버지가 아니고 어머니가 어머니가 아니라던 날 은둔의 바다를 후벼서 발견한 전복을 순복이 어머니가 자기가 먼저 보았다고 재빨리 땄다

　매혹적인 바다는 내가 알았던 세상이 아니다

　아버지가 아버지가 아니고 어머니가 어머니가 아니라고 말하는 바다, 새파랗게 질려 친구를 앞세워 달려오는 풍경 뒤쪽에서 등짝을 후려치는 어머니 손에 끌려갈 때 바다가 귓속말을 넣어 주었다

二 　앞으로의 길은 살면서 알아 가는 깊이라고

수평선에 점으로 보이는 배, 더 멀리서 보면 검은 바다
옷을 찔러 넣던 절벽 바위도 동굴도 잠겨 파도 소리가 들리지 않지만 내 바다는 언제나 내 바다

아무렇지도 않은 척 낮달이 지나고 있다

돌아갈 수 없다면

조건은 싱싱함이다
파도 소리로 단단해진 살점이면 더 좋은 조건이다

다시 돌아갈 수 없어서 팔딱거리는 아침은
꼬리 치는 유혹일까
침샘을 자극하는 맛일까

은으로 무장한 갈치는
바다의 장도(長刀)이거나
별자리를 찾아가는 목선의 방향
선 듯이 지느러미를 움직여
밤이 되면 수면으로 오르는 몸짓이
심해로 돌아가지 못한 갈치의 긴 몸
돌아가는 길도 뭍으로 오르는 길도 숨이 차다
어디서 만나도
파도는 도망치는 갈치의 힘으로 낚시꾼과 겨룬다

광치기 해변은
제 성질 못 이겨 순순히 부딪히는 죽음의 성지
팔딱거리는 갈치의 눈물이 바다가 될 수 없다면

몇 년째 녹고 있는 소금으로 염장을 질러 볼까

빛나는 것은 급하게 죽는다

여기서 바쳐지는 것도 좋다, 돌아갈 수 없다면

태우면 캄캄하니까

―

오후 다섯 시는 외도의 시간

애호박을 주문했는데 마트의 마지막 궤도를 돌아
계란 한 판에 쌍란이 있을 수 있다는 말을 두고 갔다

밤이 오지 않아 진짜 달은 자고 있다

애호박이 잘린 테두리는 달무리였다 차라리 달을 부쳐야겠다

진짜 달이 뜨기 전에

달과 달이 부딪히면 밤이 될까 걱정했는데
쌍란이 없었다
다행이다 두 개의 달은 재앙이니까

달도 계란도 떠 있으면 불안하다
도깨비방망이로 갈아
애호박도 달로 떠오르는 대비의 시간 애호박 달을 부친다

―

손가락 끝에서 익어 가는 애호박 달
적당할 때 빠르게 뒤집어
표면이 노릇노릇해지도록 부친다
태우면 캄캄하니까

애호박 달을 물었더니 뜨겁다
너무 뜨거워 이빨 자국만 내고 쏟아졌다

다른 사람을 사랑해도 사랑한다

一 H,

사랑하지 않았는데 헤어지자고 했다 미안해서 다시 시작하자고 했다

H는 돌아가기 위해 화를 내면서 다른 사람을 사랑해서 어쩔 수 없다고 했다

다행이다

헤어진 줄 알았는데 달의 주기에 밀려 사라졌던 생일, H가 찾아왔다

원수는 아니잖아

H, 제발 버려 줘
헤어지면 헤어지는 거지 친구처럼 지내면 쿨한 건가
화를 내자 H가 즐거워했다

二 H는 사랑하게 된 시점에 대하여 말해 주었다

지구는 세모거나 네모 아니면 낭떠러지라고 우겼던 열네 살
넘어지거나 떨어지거나 부딪히기를 반복하는 청춘
서리가 내린 화단을 물끄러미 바라보던 스무 살

미지근한 물을 뿌렸다
고기압과 저기압이 만나면
비 와?

H는 진지하게 말했다
뜨거우면 죽어

바다에서의 밤은 파도 소리가 있어서 지루하지 않았고
여전히 바다는 숨겨 둔 샛서방이었다

다른 사람을 사랑하게 돼서 헤어져 달라는 H, 다행이다

돌려쓰기 문장들이 많을수록 더 사랑한다

제3부

밟히면 보이는 것들

 버거를 먹는 광고, 그건 돈이다

 백오십 명의 점심은 힘에 부치는 일, 튀김이 늦었다고 심하게 밟혀서
 한 달 동안 바닥 청소와 설거지를 했다

 초록색 굴뚝에서 나오는 매연까지 밟아야 사는 사람의 검은 피, 그걸
 짓이겨 버릴 수 있는 창의적인 계획
 확 때려치우는 것 말고는 없다

 때려치우는 건 가장의 특권이다 그것도 돈이다

 더 푸른 아우슈비츠의 하늘을 경유하는 여행 상품을 예약했다
 그 돈은 내가 벌어야 하는 홀로 경제, 여행 상품을 취소할 수 없어
 새롭게 밟는 사람에게 이상한 이유로 밟혔다

 밟아야 하는 사람이 나의 죄를 말했다

시키는 대로 할 것, 인사는 볼 때마다 할 것
  궁금해하지 말 것

  죄를 짓지 않으려고 멀리 보았다

  밟히는 것들은 밟히지 않으려고 밟히는 것끼리 밟으면서 열심히 하면
  융통성이 없다고 무더기로 밟혔다 그건 돈이 아니다

  밟을 수도 밟힐 수도 없는 식사의 시간, 밟아야 사는 사람은 본보기로
  한 사람을 눈여겨보다가 그 사람만 밟았다
  그건 밟히는 돈이었다

  밟아야 사는 사람은 밟히는 것들끼리 싸우게 했다
  서로의 이름을 불러 주는 밟히는 것들은 밟히는 줄도 모르고 뭉친다

  밟히는 사람, 오래 있으려고 20분 일찍 출근해서 밟아야 사는

사람의 지시를 듣고도 3주 만에 잘렸다

밟아야 사는 사람으로 살려면 그건 더 돈이다

동사로 살았다

一 가기만 하면 된다고 해서 꿔 준 돈을 받으러 갔다

소금을 뿌릴 것 같은 얼굴, 부지깽이로 불길을 때린다
말이 없다
나도 말없이 부엌 문지방 밖에서 기다렸다

학교 안 가니?

빈손으로 돌아왔다

미운 어머니
학교 안 가니?

수업 시간에 미국 이야기를 했다
우리나라가 개발도상국이라는 이야기가 슬펐다
잘 모르지만 좋은 이야기는 아닌 것 같았다
미국의 원조를 받는 나라의 선생님은
닉슨을 세계의 대통령이라고 말했다

二 여름방학이면 운동장에 미군이 야영했다

우리는 그들의 원숭이였고 그들은 우리의 원숭이였다
던져 주는 초콜릿을 줍지 말자고 다짐했지만 내가 먼저 달려갔다
쫓아오지도 않는데 달렸다
부슬비가 곱슬머리에 잔 이슬로 내렸다

누구의 것도 아닌 것들이 달라붙을까 봐 더 힘껏 달렸다

일기장의 날짜를 빨간 색연필로 고치는 횟수가 늘었다
들통날 수도 있는 거짓말을 잘 넘기는 어린이였다

어머니는 저녁에 심부름을 다시 시켰다

벌겋게 닳은 부지깽이가 생각나 아무도 없었다고 말했다

내일은 당신이 가야겠다며, 일기 쓰고 자라

여기까지 온 동사가 동사와 함께 웃었다

쏟아지는 기분

一 　번개는 처음도 끝도 정전이다

　술 냄새보다 먼저 오는 그놈의 발걸음 소리도 처음이거나
끝이었다
　이불을 끌어당겼다

　우리는 덩어리처럼 앉아 받아들인다
　그럴 수밖에 없는 사람이 빗속에서 울고 있다

비가 폭력이다

퍽퍽 끊어졌다 이어지는 소리, 귀를 막았다
빗소리가 침착하게 얼굴을 덮었다
누군가 비명을 질렀고 나는 빗속으로 뛰어들었지만
내가 나를 죽이는 일은 하지 않았다

놀란 당신이 물끄러미 비를 보고 있다

　소리 내지 않고 운다는 것, 동네를 몇 번 돌고
二　높은 창틈으로 기어들어 왔을 때 당신은 자고 있다

돈이 없는 당신의 잠이 깊어지면 한바탕 울고 간 기분으로
당신이 믿는 신에게 악착같이 빌어 본다

그런 밤이 많이 지나고 당신은 아무 일 없이 늙는다

조금 열어 두었던 베란다 창문이 박살 났다
바람을 테이핑하지 않아 붙어 있는 마지막 폭력이 떨어지는 순간
비는 굳어진 상처가 쏟아 낸 유전이다

기울어진 단칸방에 휩쓸려 가지 않으려고 모서리를 찾았다
불을 켜면 필사적으로 모서리를 찾는 바퀴벌레들
당신도 모서리에 잠든 바퀴벌레였다
그런 밤이 몇 번 지나고 다른 밤에도 포근한 모서리

술 냄새보다 먼저 오는 발걸음 소리가 또 들린다

나는 당신이 지나간 밤을 모른 척한다

릴리트의 별식

나는 존재한 적 없는 인류의 어머니, 정숙하지 않아서 멀리 쫓겨났다는 구전은 추측일 뿐
 모든 걸 다 할 수 있지만 한 가지를 할 수 없는 성역에서 자유는 선택이라고 말하는 짐승은 속삭였다

 보기만 해도 탐스러운 선악과는 두 개

 내가 만난 마지막 남자는 만지는 것마다 꽃이 되었어 난 그 남자의 활짝 핀 백합, 한가지 색으로 치장했지만 남자의 지배는 늘 뻔한 상위 체형이거나 밋밋한 에로의 시간들이 대부분이었어

 뜨겁거나 냉정한 눈을 원했어 여자의 아름다움과 말하는 짐승의 유혹은 감각이 아닌 생식이었거든 탐스러운 나의 두 개를 위해 그는 옷이 되었어 사랑한다면 감춰 주는 거래

 속이 비치는 그래서 더 감각적으로 난 번식했지

 사랑은 격렬하고 질투하고 소유하는 동사들 남자는 기대하고 나는 거부하는 시간들이 우리를 갈라놓기 시작했어

쫓겨난 이유는 붉은 혀가 순종적이지 않아서 처음부터 주인공이 아니었던 거야

 두 번째 여자의 욕망과 선택을 위해 빚어진 나는 최초의 페미니스트

 유혹의 맛을 보다 쫓겨난 에덴의 본처 존재하지 않은 아담의 욕망 곁으로 돌아가기 싫어

*릴리트: 유대 신화에 나오는 인류 최초의 여자.

비바체로 내리는 하이든

밥도 잠도 사랑하면 가끔
그리고 여행은 혼자 가면 좋다
한 사람을 오래 사랑하는 일은 로또에 당첨되는 확률
헤어지지 않아도 먹튀를 해도 된다 사랑하니까
심심해서 듣다가 잊어버리는 클래식처럼 헤어지면 된다

그 남자의 머리는 단발이었다
머리카락을 만지자 손이 미끄러졌다

가발?

놀람교향곡 2악장이 지나갔다
순식간에 쏟아지는 비의 마디를 읽었다
그의 텐션이 반음씩 내려간다
헤어지는 조건은 간단하다
다시 만나면 되니까

하이든의 놀람교향곡
수시로 반짝, 수시로 흐림, 수시로 비
변주는 서로 통하니까

빗방울은 하이든의 손가락
저기압 속에 성감대가 발달해서 반짝거리는 남자
빗물이 뚝뚝 떨어지는 머릿결

물벼락을 맞아도 좋았다

예보 없이 만나 예보 없이 헤어지면 시원한가?
팀파니의 두근거림과 썸타는 오르간이 비에 잠겼다

밤이 길어지면 남자의 가발을 만지고 싶다

착한 여자

一 밥을 먹었다
볶음김치를 더 달라고 하자 미안한 일이라며 여자는 꽈리고추볶음을 밀어 준다

미안한 일이라서 돈을 내고 밥 먹는다고 하자
신을 믿으면 미안한 일을 하지 말아야 한다며 짧게 신을 불렀다

신을 처음 믿는 사람이 돈을 낼 차례인데 화장실 가는 척하면서 착한 여자가 계산했다
신을 처음 믿는 사람은 고마워했고 신을 사랑해서 나는 오목가슴이 답답했다

착한 여자가 내 등을 문지르며 짧게 신을 불렀다 신에게 자꾸 미안했다

내가 사랑하는 신과 착한 여자의 신이 다른 것 같아 겁이 났다

二 신과 같이 살면서 돈을 숭배하는 여자를 만났다

만날 때마다 착한 여자는 공손했고 나는 버릇이 없다고 지적당한다

 착한 여자에게 주눅이 들어 눈치를 보는 사이 착한 여자가 다시 착한 짓을 했다

 먼저 드세요
 그래야 저희가 먹죠

 배가 고팠는데 배가 불렀다 착한 여자는 신과 같이 사는 여자의 수저에 생선을 발라 주었다

 가슴이 뜨거워 따뜻한 물을 여러 번 나누어 마셨다

 안 보고 싶은 착한 여자

구피는 꽃

우리가 저녁을 즐길 때

구피가 죽었어
옮긴 사람이 범인이야
물이 지저분해서 갈아 주었는데 미안하네

그러시면 어떡해요
선물로 받은 건데

아이에게 뭐라 해요
죽었다고 하면 되지 그게 뭐

별아! 구피가 죽었어

아이가 말한다
어차피 죽을 거니까 괜찮아요

배를 드러내놓고 반짝이는 죽음은 아름답다
죽음을 들여다보면 아쉬운 것보다 시원한 것이 많았다
죽음이 더 아름다운 건

나팔꽃으로 피어난다는 말을 믿는 아이를 다독이는 일

어항 가장자리에서 격렬하게 추던 꼬리 춤이
나팔꽃 언저리에서 뿌리로 내릴 때
장마가 시작되었다

느타리를 포르노로 해석함

─ 느타리와 눈이 맞았죠
    냉장고에 둘 수 있는 마음으로
    서두르면 목이 꺾일 것 같아 더듬었어요

    나를 두려워하는군요

    아침까지 젖어 있어요
    내가 두렵다면 기다릴게요

    누드니까
    흥분시키기에 충분해요
    서두르면 관이 떨어져 볼품없는 느타리버섯
    처음부터 누드로 키워졌어요
    매끈한 다리만 더듬으려고 햇살이 올라타는 걸 봤어요
    미끄러지지 않으려면 꼭 붙잡아야겠죠

    은밀해서 좋았던 연애 말고 시원한 게 있다면
    포르노로 다가가 입안 깊숙이 밀어 넣어 주면 부끄러울까요

─ 물이 끓기 전이면 딱이죠

날것 하나를 찢어 혀로 굴려 보고 있어요
느타리를 닮은 심장의 심장쯤에 돋아날지 몰라요

담자균류 느타리버섯은 사생활일까요 포르노일까요

버섯처럼 누드로 산다면
우리가 처음 왔던 곳으로 돌아갈 수 있을까요

비로소

一   날개가 바람의 속도라면 조금씩 가라앉아도 두렵지 않아
  이륙은 거짓말을 잘하는 사람에게 맡긴다 동력이 필요하니까

  수면에 불시착하면 비로소 난 죽는다

  강가에는 죽은 자들이 불꽃으로 피어나고 있다
  죽으면 빛이 되는 죽음의 형식
  죽음의 비행은 물에 젖어 서서히 강바닥으로 내려간다
  더 내려갈 곳이 없다고 생각할 때까지

  비로소 나는 물속에 가라앉는다

  모든 구멍으로 물이 들어와 나른하다
  점점 밑으로 내려갔다
  바닥이 시작이라고 느꼈을 때 빛이 보였다

  다시 가벼워지면 바람이 조금씩 밀어 준다

二   바람의 힘으로 수면 위를 달릴 때 구멍에 있던 물이 빠져

나갔다

  비로소 날아올랐다

  물을 버리면 날아오르는 나의 무거운 것들

  습도가 낮아 뽀송한 하늘이 보이고 나뭇가지마다 햇빛이 걸린 잎사귀들

  비표준어 근처에서 날고 있다

목적지를 벗어날 때

"목적지 부근입니다"

내가 미처
어디 있다는 거야

24시 편의점 앞에 가면 골목이 없다
다시 전화하면 카톡으로 사진을 보내온다
해안도로를 돌면 다시 그 자리

"목적지를 벗어났습니다"

자정을 넘은 바람개비가 돌아가고 있다
나비공원에도 없던 나비가 날고 있다

처음부터 바람개비 골목이라 하지

나비의 연대로 살고 있는 한밤중의 바람개비
나처럼 길을 잃어 그 자리를 떠나지 못하고 있다
나비가 아니어도 좋았다
바람은 날개 없는 것들을 위해 길이 되어 왔다

좁은 골목길에 뿌리를 내려 나비가 깨어나기를
그리고
밤의 거리에서 꽃을 찾는다

돌연변이라도 좋아
노란 차가 지나가면 날개를 흔들어 줘

길을 잃은 나비가 보이면 목적지가 가까이 있음을 알아차릴게
네비를 끄고
바람개비가 돌아가는 방향으로 운전대를 돌려놓을게

"다른 길로 진입하지 마십시오"

돌하르방

1\. 들어주는 하르방

살점이 닳은 코에 마음을 주고 가는 사람
코를 만져서 아들 낳겠네
귀를 만져서 딸을 낳으면 서귀포 여자라네

사람들은 코에게 말하네 오직 코에만 말하네
당신의 콧소리를 들었는지 콧잔등이 씰룩거리네

바람이 내 코를 건드리고 그냥 가네
하르방의 씨주머니가 부풀어 오르네
코가 바람을 따라가네
바람이 돌아보며 웃네

비는 사람이 오늘 밤 나를 또 만지네
나를 만지는 입이 알맞은 높이에서 코에 입을 맞추네
함부로 말하지 않고 먹지 않고 섞이지 않았으면 좋겠네

2\. 말하는 하르방

소원이 있어

나를 떠나지 마

생각나는 대로 말하지 말고 오래 생각해 줘
떠나는 사람들은 두 가지야
안 보겠다는 결심 더 큰 사람으로 돌아오겠다는 결심
이루어지지 않아도 결심은 높은 것

난 서귀포의 가장 오래된 하르방
접히지 않고 휘몰아치는 소리가 들리면 우리는 만나는 거야

힘을 빼고 맡겨 봐 섬으로 기다릴게

돌아와 줘

구멍이 난 코를 만지고 간 사람을 돌아오게 하는 전설을
팩트로 만들어 줄게

직사각형으로 살아가기

一　열여덟 살까지 늘어나는 직립입니다

　그건 머리통이나 두 팔이나 두 다리도 포함되는
　선이지만 잘라 보면 길고 가는 원통으로
　함부로 손댈 수 없는 길도 되는 도형입니다

　내가 살던 최초의 물은 원입니다

　원은 낮잠 자는 우주 비행사의 웅크린 중력, 아주 작은 꿈
으로 시작되지만
　나는 당신의 높이로 걸어 다니는 직사각형의 태몽이죠

　직사각형은 구부러지고 접히는 고도로 발달된 로봇입니다
　로봇은 수많은 도형으로 이루어졌고 중심을 잡아 주는 이
등변삼각형도 있습니다
　그건 두 팔이거나 두 다리로 직사각형의 유의어입니다
　변이가 아닙니다 진화도 아닙니다
　걸을 수 있다는 믿음입니다

二　직사각형은 열여덟 살까지 늘어난 탄력입니다

작은 직사각형으로 교집합이 된 손과 발
직사각형이 된 몸통은 원에서 분화된 유도체입니다
직사각형은 걸어 다니는 영장류의 특징입니다
적당히 밀어 주고 끌어 주는 중력이라고 하더군요
결국 중력도 원의 일부라는 증거겠지요

난 직사각형을 이어 주는 선입니다
서로 다른 도형을 이어 주는 선은 다른 것과 섞여서는 안 되는
독특한 분화구입니다

분화구가 흐르기 시작하면 함부로 손댈 수 없을 때
예민해진 선이 길을 막고 직사각형을 가둘지도 모릅니다
길은 직사각형의 숨은 기관입니다

직사각형은 수학으로 설명되는 생명입니다

부부별곡

一
　소주잔을 들었다 놓았다 들었다 놓았다
　차라리 바람을 피워

　이유 없이 청년이 되었을 때
　당신은 비틀스의 Let it be를 들으면서 울었다고 했다
　뽕짝이 다 없어지기를 바라는 마음은 같았으나
　소주 한 잔을 서너 번에 꺾어 마시는 지루한 습관
　고추장이 된 간(肝)에 염장을 지른다
　간이 맞아야 간이 건강하다는 어머니 이론을 바꿀 수 없
지만
　여자는 열 번도 바꿀 수 있다는 당신을 사랑하게 되었다
　내가 뽑힌 거 같아서

　심심해서 돼지의 배를 갈랐을 때 쏟아졌던 동전
　화단을 만들고 한잔하자고

　어떤 술을 마실 건데?

　거기 검은 신발을 화단에 던져 봐 뿌리가 내릴걸

一

입 하나로 맛있는 도발을 주고 Let it be를 들었다
도발은 돈이다
집을 팔아 여행을 간다
목적지 없이 떠나는 당신이 불안하지 않은 건
우리의 목적이 상대적이지 않기 때문이다
당신이 위험하지만 건드리지 않으면 오래갈 수 있는 사이
한 사람만 잘 참으면 오래 잘살 수 있다

적은 함께 있어야 안심이다

우리는 이국(異國)에서 국 때문에 목소리를 높였다
굵은소금을 뿌렸더니 당신이 웃는다
시점이 달라서 당신은 참지 않아도 된다
비번이 없는 당신이 위험하다

제4부

무

　준말도 표준어도 통이었어요 처음부터 뼈대 있고 강단진 가문, 갈증을 풀어 줄 줄 누가 알았겠어요 광합성으로 푸른 멍이 든 무, 뿌리가 긴 해는 춥다네요

　빈속인데 매운맛은 괜찮을까요 뼈를 튼튼하게 하는 무기질이 많아 속을 다스려 주는 효소는 어때요 디아스타제는 우리만의 특허죠 위만 다스리는 게 아니라 마음을 푸는 무를 잘 먹으면 인삼보다 낫다고 정성 들여 먹는 사람도 있어요

　가을 하늘이 바람을 무밭에 머물게 했어요 몸피를 줄이는 무청이 바스락거려요 우리 세계에서는 섬유질을 말린다고 해요 마를수록 사람들이 좋아하죠

　우릴 필요로 하는 사람들이 바람이 들면 버려지는 사연을 알까요 버림받는 게 다반사지만 속을 채우는 계절이 오면 잘고 가늘게 썰려 당신의 빈속을 채워 볼게요 속도 없이 심심한 사람 빨갛게 뜨거워지겠죠

어린 무잎 실루엣

초록 심장을 가진 사람과 잔 적이 있어요
특히 겨울이 좋았지요

가시 돋친 줄기를 분지르면 만지는 쪽에서 찔릴 수 있지만
전 그렇게 살고 싶어요
파랗게 살다 파랗게 죽으려구요
허리가 당신의 손끝에서 꺾여도 춤을 추네요
엉키고 엉켜서 잘릴지도 몰라요
파랗게 살다 파랗게 죽어 당신의 숲이 되어 볼까요
언제라도 물이 흐르는 곳
여리다고 함부로 만지지 마세요

사랑도 오래되면 시들해지나 봐요
가끔 베란다에서 며칠을 보낼 때
내 몸은 초록 벌레들의 무덤이죠
당신의 손에서 벌레도 리듬을 타는군요

제발 소금을 뿌려 주세요
살짝만 절여도 당신의 입맛을 살리고
당신의 심장을 파랗게 물들이잖아요

가족은 이런저런 짜증도 염분으로 받아들이죠
보리밥도 같이 먹지 않는 식구들을 위해 비벼 주세요
보리밥 속에서 겉돌지 않게
보리밥 사이로 멀어지는 식구들을 위해 꾹꾹 죽여 주세요
붉은 고추장은 타인이지만
고명으로 떨어지는 참기름은 분리되는 혈연인가요

돌아오는 맛

一   꽁꽁 얼어 빈틈을 찾을 수 없다

　캄차카반도에서 알을 밴 채 잡혀 온 동태
　내장에 붙은 러시아 날씨를 칼로 긁어낸다

　러시아 바다는 말대로 단단했다
　영하의 바람은 탄력 있는 살점을 만들어 주고 캄차카의 깊이로
　명태의 눈은 바다색으로 물들었다

　바다를 품고 돌아와 냉동으로 누워 있는 동태
　물을 뿌려 보지만 물마저 동태의 근육이 되는 러시아 온도
　레시피에는 충분히 기다리면 바다의 맛이 난다고 한다

　속을 다 비워 내고 동해의 풍경을 바라보는 눈
　동해 바람으로 이름을 바꾼 동태가 이음동의어로 돌아왔다

　오는 길은 험난했지만 밥상에서 붉게 익어 가는 동태탕

二   영상과 영하가 뒤섞인 맛으로

러시아의 시간을 잊게 한다

바람의 적도

바람은 초록으로 올라온다고 믿었어요
엽록소가 많으니까
초록의 질감은 거친 바람의 값이죠
바람을 멀리서 보면 쓸쓸할 때 가장 신선하죠

아무래도 초록만 한 색이 없으니까 붉게 칠해야겠어요
이렇게 아름다운 적도, 이렇게 뜨거운 적도 없었으니까

자를까요

적도를 종과 횡으로 잘라 삼각뿔을 꽂으면 서늘할까요
반을 또 반으로 자르면서
적도가 사라지는 포만감은 망상인가요

색이 색을 품고 있다는 걸 몰랐어요

수박을 횡으로 잘라 적도를 나눠 주세요
뜨거운 사람들이 잘 보이도록 초록의 지지대로
겉과 속을 삼각형으로 세워 주세요

수박을 찔러 적도를 꺼내 먹은 입술에
덜 익은 마그마가 붙어 있다면 내가 속은 건가요

보이는 대로 생각했는데 침이 고이네요
초록 껍질에 싸인 마그마
더 이상 감출 게 없이 드러나면 뜨겁지가 않아요

익어 가는 건 수박이 아니라 맛을 기억하는 여름
그동안 너무 뜨거웠다면 식을 때까지 기다릴게요
겉과 속이 다르다고 달라질 건 없으니까

먹을까요

표리부동한 여름을 종과 횡으로 나누는 일은
여름을 살아가는 초록의 일입니다

애플망고

―

망고라고 하지 마

붉은색은 초록으로 떨어질 때 흘린 피야
망고 맛이 아니면 사과 맛도 될 수 없어
두 가지 맛이면 사기잖아

기다리기로 했어
익지 않은 초록과 익어 가는 망고의 감정으로 붉은색을 기다렸지

며칠이 지나도 달라진 게 없어
기다리면서 자꾸 찔러 보게 돼
초록보다 어둡게 붉어 가면서 사과로 돌아가려 해 망고가 아니면 아닌 거야

이유 없이 망고가 늙어 가
조그만 주름이 검은 점으로 더 크게 자랐어
붉은색이 보이지 않아
징표가 거짓이라면 검은 반점을 도려내야겠어

―

검은 반점이 사라졌어
애플망고 여기저기를 누르다 손톱으로 속살을 팠어
숙성된 시간을 벗고 사과도 망고도 아닌 맛, 변심한 애인 같아

열대성 기후로 익어 가라고 불 곁에 두었는데
애플망고, 저 혼자 뜨겁다가 죽었어

달로 가는 나무

달의 범람으로 하늘의 문이 열리면서 땅은
다섯 개의 줄기로 자라는 은행나무의 품이 되었다
보름달 상현달 하현달 초승달 그믐달을 키우는
인천 장수동 사적 562번 800년 된 은행나무
처음부터 약성이 쓴 뿌리에서 시작되었다

오래된 나무는 달에서 왔다

달이 몸을 바꿀 때마다 은행나무의 수화는 빠르다
전하지 못한 말들은 툭 떨어지거나 노랗게 익어 갔다
은행나무는 자라면서 달의 말을 하고
은행나무 이야기를 듣고 자란 아이들은
바닷물이 해안까지 차오르는 슈퍼문일 때
남자는 눈을 감고 여자는 입술이 파르르 떨린다고 한다

오래된 나무의 우듬지는 800년 동안 달로 가고 있다

소래산 성주산 관모산 거마산을 거느린 장수동 은행나무
달빛이 은행나무 꼭짓점을 더듬는 농도 짙은 포즈
은행나무는 품을 여며 폭풍과 폭설을 견디는 새집이 되었다

큰 나무의 덕은 보아도 큰사람의 덕은 못 본다는
무서운 격언을 새가 쪼아 먹을 때
뒷산까지 뿌리가 뻗은 은행나무를 뽑으면 산이 무너질까 봐
사람들은 새가 세 들어 사는 나무에 빌었다

빙하기에도 살아남아 풍년과 무사태평을 기원하는
칠월과 시월의 보름이면
은행나무의 가장 높은 곳에 지아비 달이 걸린다

그때, 꿈이 많은 아이가 은행나무를 오르고 있다

스캔들

―
당신은 누군가의 음란입니다
뜨거운 몸을 식히는 파란색은 격렬한 입술입니다

당신은 누군가의 마중입니다
이른 봄부터 나누어 주려고 눈 맞춤하는 설렘입니다

당신은 누군가의 허기입니다
헤어지는 빈손은 하얀색, 다른 연인과 왈츠를 추고 있는 당신의 마음은 텅 빈 우주입니다

당신은 누군가의 이중입니다
입술은 한 번도 터져 본 적 없는 앵두, 만남도 이별도 내뱉고 살아가는 이면입니다

당신은 누군가의 광기입니다
보라의 영역을 고정하는 넥타이핀
나를 여전히 사랑해 주는 남자의 넥타이핀, 타히티 여인의 눈동자에 함몰된
밤을 태우는 불규칙한 심방과 심실의 신축입니다

―

당신은 누군가의 슬픔입니다
죽음의 의미를 가장 화려하게 변신하는 검정, 사랑의 속어인 죽음은 한 번쯤 타올랐던 미망입니다

주먹도 되고 왕관도 되는 튤립은 줄기와 잎사귀는 검과 자루 꽃은
왕관이지만 본체는 나누어지는 눈입니다 처음부터 보아야 끝이
이해되는 꽃은 여자의 다른 모습입니다

붉은 베레모를 쓰고 그림을 그리는 고갱, 색의 중심에서 살아가는
두 여자에게서 도망칠 수 없는 포로입니다

소문대로라면 타히티의 원색은 죄지만
죄는 처음부터 우리를 따라다니는 자화상입니다

빛을 따라 살아가는 고갱의 손길이라면 외설이라도 좋습니다
블랙이거나 화이트라도 다 좋습니다

오후 다섯 시 장미

태어나지 말걸
차라리 태풍에 떨어져 버릴걸

내 몸에 가시가 있다는 걸 아무도 말해 주지 않아서 몰랐어
시들다 떨어지면 너무 초라해 차라리 겨울에 필걸

다른 것과 섞이기 싫어, 따라갈래

말리면 마음을 알 수 있다고 집 안에 거꾸로 매달아 놓았어
가시가 떨어졌지
마르면 다 비슷해지는 장미를 바라보는 눈, 후회하나 봐
가시로 살았던 여자가 떨어지고 있어
장미의 마음을 알아차리고 거울을 들여다보다 울고 있어

졸업식 때 받은 장미는 아직도 장미
꽃일 뿐인데 그 남자의 흔들리는 향기가 느껴져
그 남자로 착각할 뻔했어

장미는 늘 헷갈려
꽃인 걸 알지만 모르겠어

꽃잎을 뜯어 입안에 넣어 보면 혀의 감촉 같고
처음 하는 짧은 키스 같지만
쓸쓸한 기분은 아니야

향기를 지키기 위해 붉은 혀로 장미 잎을 누르면
그림자에 밟힌 오후 다섯 시 장미
햇살이 향기를 따라가고 있어

서귀포 여자

一   알입니다
	세계적인 것들은 알에서 깨어납니다
	공기, 바람, 비, 햇빛도 처음에는 알이었습니다

	사람을 찾습니다
	키는 상관없지만 목소리가 다정하면 좋겠습니다

	두 가지 색을 사랑하는 사람을 찾습니다
	꽃이었던 이력이라면 우대하겠습니다

	햇빛, 공기, 바람, 비의 일을 아는 사람이면 좋겠습니다

	익은 귤은 예민합니다
	터지고 물러지기 전에 당신의 손길이 필요합니다

	문섬을 휘감고 새로 들어온 품종은 우쭐하지만
	우리의 속을 잘 아는 사람이면 더 좋겠습니다
	끝까지 섬을 지킨 온주밀감을 아는 사람이면 좋겠습니다

—   오늘 딴 귤은 보기는 안 좋지만 해충과 싸워서 이긴 귤입

니다
거칠고 푸른 귤도 좋아합니다

휘황찬란한 서귀포 말을 잘하는 사람을 찾습니다
주황색 밀감을 소중히 다루는 손길을 가진 사람을 찾습니다

두 가지 색으로도 행복한 사람을 찾습니다

*문섬: 서귀포항에서 1.3㎞ 떨어진 남쪽에 있는 섬.

잘 죽어야 맛있는 것들

죽은 것들도 싱싱하다고 목청을 높여야
빨리 팔리고 잘 팔리는 소래포구는 그런 곳
사도 그만 안 사도 그만이지만
만지면 꼭 사야 하는 것
만지면 죽으니까

결정권자의 우월감으로 이놈 저놈을 고르는 시간
속내를 들키지 않으려고 배를 깔고 있는 광어
등가시를 세우고 호흡을 조절하는 검은 볼락
버릇이 없는 매끈한 장어가 기어오르면 죽는다

잘 죽어야 맛있는 것들

급소를 맞고 눈이 돌아간 날것을 먹고 싶어
바다의 비린 맛이 느껴질수록 육감적으로 흔드는 꼬리의 맛
기름지고 부드러운 지느러미의 맛을 아는 눈이 있다
싱싱한 혀의 맛
싱싱한 것들은 물이 좋다고 한다
이곳의 은어도 물이 좋다

급하게 죽은 장어의 꼬리가 일어서면 바다가 잠잠하다
 죽으면서도 꼬리 치는 날것, 술 없이도 잘 넘어가는 싱싱한 것들
 비린 것들은 소리를 지르고 회를 친다

 싱싱한 것들, 한 번씩 죽어 주면 힘이 생긴다

황제의 꽃

―
껴안는 모습으로 거목이 되었던 거야

바라만 보아도 시간이 너무 빨개
자귀나무꽃이 가득한 그곳에 황제가 눈을 감고 있어
꽃잎 떨어지는 소리를 여자의 치마 벗는 소리로 들었대

불현듯 나타난 황제를 보고 잎을 닫아 버린 자귀나무꽃
움직이면 녹아 버릴 것 같아 황제도 입을 닫았어

애간장이 녹는 시간
함부로 사랑할 수도 사랑받을 수도 없는 궁궐의 밤
자귀나무꽃은 황제를 불러들였던 게지, 그날 밤
으스러지도록 현란한 춤사위에 나무가 부러져
자귀나무꽃이 떨어졌지

황제는 쟁취해야 하는 성, 암투는 환희 아니면 비극
황제가 주고 간 향낭을 약속으로 생각했어

꽃이 피고 지는 일은 살아 있으면 볼 수 있는 다정하고 흔한 일
―

꽃을 바라보는 일은 사랑하지 않아도 할 수 있는 유혹

황제가 그리웠던 여자가 나뭇가지에 주술을 걸어 놓으면 자귀나무꽃은 가시를 두르고 피기 시작했어

찔릴수록 치명적인 꽃으로 피어나는 자귀나무 아래로 이끌린 황제

바라만 보아도 시간이 너무 빨라
누구의 화살인지 한 움큼 뜯어내 가슴에 불을 질렀지
여자의 치마에 쏟아지는 꽃은 전설로 퍼져 나갔어

불길이 꽃처럼 퍼져 나가면 자귀나무 전설은 사랑의 확증인 거야

강의 반대편에 앉아

一 강가에서 물결인 사람
마음을 한곳에 두지 않아요
맞은편에서 반짝이는 불빛, 물방울 같아요
그런 거 같아요

어두워서 더 잘 들리는 밤
누굴 홀리기에 반짝임은 효과적이죠
다들 빛 놀이하느라 빛을 보지 못하지만
빛은 어두울 때 드러나는
아버지의 뒷여자 빨간 월남치마 같아요
활짝 핀 집 안을 쓸고 다니거든요

대낮 같은 밤은 심심해요
숨을 곳이 없어서 강의 반대편에 있는 나를 생각했어요
어려도 생각할 수 있는 게 인생 아닌가요

건너편에 있는 어둠은 상대적이죠
빛을 팔기 위한 전략적인 어둠이라면
물결 역시 어두워서 소리가 더 잘 들리고 더 잘 흐르죠
一 어두운 곳에서 누굴 홀리기에 효과적인 보색의 대비

건너편은 조금 슬픈가요
강 건너 나의 반대편은 가난한가요

중심으로 가고 싶은 조급한 사람들이 강가에 모여
함성을 지르고 있어요
강 건너편이 곧 어두워지겠네요
떠나지 못하는 사람들이 서성거려요
고이는 것들은 의도가 있어요

흐르지 못하면 죽어요

*뒷여자: 애인이나 첩을 뜻하는 경상도 은어.

바다 우물

하루에 한 번 바다가 마을로 들어왔다

바닷물로 채워진 우물
무릎으로 바다의 깊이를 재며 시간을 덜어 쓸 때
빨래터는 임시 휴업이다

몰려왔던 바다가 빨래터를 돌아 마을을 나가면
속이 비치는 물을
무릎을 굽혀 마실 때
최초로 마주친 나는 우물에 빠져
물질 나간 엄마를 기다리는 박처럼 자랐다

백중의 달밤, 파도 소리가 마을로 또 들어왔다

빨래터를 밝히는 게 박인지 달빛인지 모른 척하는 물소리
새벽이 오기 전에 우물 속에 달을 남기고 빠져나갔다

우물을 휘저었던 손을 빼면
사라졌던 박도 달도 통통 불어 터졌다
들어온 물은 빠지고 솟는 물로 채워져

물은 고이지만 솟아나는 숨구멍이 메워졌다

시멘트를 뚫고 올라오는 풀조차
바다를 닮아 초록으로 흐르고 있는
제주시 함덕리 소래물

파도 소리가 들어오는 물때를 다시 만나면
바다 우물 속 달을 건질 수 있을까

해설

기하학적 서정과 동사적 상상력

황정산(시인·문학평론가)

1. 들어가며: 상상력과 기하학

기하학은 자연을 인간화하는 가장 유효한 도구였다. 기하학을 통해 인간은 건물 등 각종 구조물을 설계하고 도로와 다리를 건설하고 댐을 쌓았다. 그뿐만 아니라 이 기하학적 상상력을 통해 무형의 사회질서를 만들고 법과 제도를 만들었다고 해도 과언은 아니다. 그러므로 기하학은 사물과 인간을 설명하는 아주 유효한 사유 체계라 할 수 있다. 김문자 시인의 시적 상상력도 이 기하학에 토대를 두고 있다. 그의 시들은 이 기하학을 도구로 하여 사물을 인식하고 재배치한다. 하지만 이 시집의 상상력은 사물을 설명하는 기하학이 아니라, 살아가는 방식을 설계하는 기하학이다. 원, 직사각형, 선, 회전 같은 도형적 형상과 물, 중력, 바람 같은 물성이 서로를 관통하며, 정태적 자아를 해체하고 관계 속에서 자신을 조절하는 주체를 전면에 내세운다. 그래서 이 시집에서 기하학은 단순한 도식이 아니라 세상과 인간이 관계를 맺는 윤리의 언어다. 세계의 힘을 억누르지 않고 "힘을 빼" 흐름을 내주거나(「물의 방향」), 직립하는 몸을 직사각형으로, 연결과 금지의 경계를 선으로 재명명하거나(「직사각형으로 살아가기」), 행성의 회전과 자전거의 브레이크로 귀환의 기술을 가르친다(「자전거를 타고 화성으로」). 이러한 형상 변화 위에 사랑, 상실, 이주, 기억의 감정이 얹히면서, 시는 형태의 사유→운동의 감각→관계의 윤리로 확장된다. 좀 더 자세히 살펴보기로 한다.

2. 원과 직선 그리고 사랑의 기하학

김문자의 시에는 원과 직선 그리고 그것을 매개하는 역학의 문법이 촘촘히 깔려 있다. 이 시집의 맨 앞에 등장하는 첫 번째 시 「물의 방향」을 보도록 하자.

멀구슬나무 뿌리가 물길인가요 입구가 터진 동그라미인가요 물길의 강약은 흐르면서 저울질하죠 물에 빠져 본 사람도 그 깊이를 몰라요 물은 중력을 믿지만 힘을 빼니까 물길을 거스르면 물의 저항으로 뿌리가 박혀 버릴지도 몰라요 박힌 뿌리가 낙타의 등이라면 믿을 수 있나요 사막의 모래는 물길을 보호하는 식물 그늘을 만들어 주는 모든 식물의 뿌리는 아래로 두고 낙타와 상인에게 오래된 약속으로 오아시스를 선물하죠 물의 형태로 바위 밑이나 흙더미를 만나면 '물길'이라고 동그랗게 말해 보세요 호흡을 가다듬고 다시 한번 길게 말해 보세요 물방울이 모여 큰 물줄기로 흐르는 소리가 들리죠 그때

귀를 아래 방향으로 늘여 보세요 옆집 멀구슬나무 뿌리가 당신의 물길일지도 모르죠

—「물의 방향」 전문

물은 방향을 가진다. 그러나 그 방향은 직선의 정복이 아니라 원(圓)으로 돌아오는 운동이다. 이 시는 뿌리와 물길을 "입구가 터진 동그라미"로 바꾸어 적는다. 원은 닫힌 도형이 아니라 숨이 드나드는 구강(口腔)이며, 말하기의 모양이다. 시의 화자가 "'물길'이라고 동그랗게 말해 보세요 호흡을 가다듬고 다시 한번 길게"라고 권할 때, 원형의 발화는 곧 지형을 만들어 가는 행위가 된다. 말(원)→호흡(원)→흐름(원)의 연쇄 속에서 방향은 한 점을 향해 질주하지 않고, 되돌아와 이 지형에 두께를 더한다.

이 원의 운동을 지탱하는 힘이 중력이다. "물은 중력을 믿지만 힘을 빼니까"라는 구절에서 중력은 억압이 아니라 신뢰해야 할 세계의 질서로 재배치된다. 여기서 우리가 알아야 할 것은 '이겨 내기'가 아니라 힘을 빼는 조절이다. 거슬러 오를수록 "물의 저항으로 뿌리가 박혀" 고착되는 역설이 생긴다. 반대로, 중력을 신뢰하고 긴장을 풀 때 흐름은 길이 된다. 그러니 깊이 또한 축적의 양이 아니라, 원으로 되돌아오며 관계의 두께를 더하는 시간이다.

화자의 시선은 이 원형-중력의 관계를 생태적 약속으로 확장한다. "사막의 모래는 물길을 보호하는 식물" "오아시스"에서 물길은 소유가 아니라 다자 간의 느슨한 연대로 유

지된다. 뿌리는 위가 아니라 아래로 놓이며, 그늘은 증발을 늦추어 흐름을 보존한다. 그래서 듣기의 방향도 바뀐다. "그때 귀를 아래 방향으로 늘여 보세요"라고 하며 청각을 지하로 틀어 뿌리와 지하수의 네트워크, 즉 보이지 않는 원형의 순환에 맞추라고 요청한다.

  마지막 문장 "옆집 멀구슬나무 뿌리가 당신의 물길일지도 모르죠"는 원과 중력의 관계를 한 줄로 결론짓는다. 이때 나의 중심을 밀어붙이는 직선적 의지 대신, 공유된 중심인 중력을 신뢰하며 원형의 호흡으로 되돌아오는 삶을 깨닫게 된다. 이 시가 가르치는 기술은 간단하다. 동그랗게 말하고, 힘을 빼고, 아래를 듣는 것. 그 반복 속에서 우리 삶의 물길은 조용히, 그러나 정확히 열린다.

  다음 시「직사각형으로 살아가기」는 몸을 기하학의 언어로 번역해 형태를 삶의 방식으로 전환한다.

    열여덟 살까지 늘어나는 직립입니다

    그건 머리통이나 두 팔이나 두 다리도 포함되는
    선이지만 잘라 보면 길고 가는 원통으로
    함부로 손댈 수 없는 길도 되는 도형입니다

    내가 살던 최초의 물은 원입니다

    원은 낮잠 자는 우주 비행사의 웅크린 중력, 아주 작은 꿈으로

시작되지만
　나는 당신의 높이로 걸어 다니는 직사각형의 태몽이죠

　직사각형은 구부러지고 접히는 고도로 발달된 로봇입니다
　로봇은 수많은 도형으로 이루어졌고 중심을 잡아 주는 이등
변삼각형도 있습니다
　그건 두 팔이거나 두 다리로 직사각형의 유의어입니다
　변이가 아닙니다 진화도 아닙니다
　걸을 수 있다는 믿음입니다

(중략)

　난 직사각형을 이어 주는 선입니다
　서로 다른 도형을 이어 주는 선은 다른 것과 섞여서는 안 되는 독특한 분화구입니다

　분화구가 흐르기 시작하면 함부로 손댈 수 없을 때
　예민해진 선이 길을 막고 직사각형을 가둘지도 모릅니다
　길은 직사각형의 숨은 기관입니다

　직사각형은 수학으로 설명되는 생명입니다
　　　　　　　　　　ㅡ「직사각형으로 살아가기」부분

　이 시의 화자는 "내가 살던 최초의 물은 원입니다"라고 말

하며 생명의 기원을 원의 형태에 두고, 그 응축된 중력에서 "당신의 높이로 걸어 다니는 직사각형"이 태어난다고 말한다. 여기서 직사각형은 딱딱한 블록이 아니라 "구부러지고 접히는 고도로 발달된 로봇"으로, 이등변삼각형(팔. 다리)이 균형을 잡고, 겉으로는 선처럼 보이는 것조차 "잘라 보면 길고 가는 원통"이라는 문장처럼 내부에 원의 모습을 숨긴다. 즉 직립의 긴장 속에도 원의 흐름이 지속된다. 시는 직립을 진화나 우월의 표식이 아니라 "걸을 수 있다는 믿음"으로 재정의하고, 중력을 "적당히 밀어 주고 끌어 주는" 보조 동력으로 다시 배치한다. 그래서 "결국 중력도 원의 일부", 즉 직선적 정복이 아니라 원으로 귀환하는 리듬이 삶의 질서가 된다.

　이어 "난 직사각형을 이어 주는 선입니다"에서 선은 단순한 연결이 아니라 섞이지 않을 경계이자 분화구이다. 이것이 막히거나 경직되면 "길을 막고 직사각형을 가둘지도" 모를 일이다. "길은 직사각형의 숨은 기관"이라는 구절에서 길은 외부 인프라가 아니라 내부의 호흡기관이 된다. 닫히면 질식하고, 열리면 순환한다. 마지막 구절 "직사각형은 수학으로 설명되는 생명"은 차가운 도식이 아니라 균형·대칭·연속을 몸으로 익히는 깨달음의 선언이다. 원에서 직립으로, 선으로 뻗되 다시 원으로 숨을 고르는 리듬, 그 조절의 기술이 곧 이 시가 가르치는 움직이는 윤리다.

　이 기하학은 사랑의 감각으로 곧장 옮겨붙는다.

　　당신의 심장은 멀어요

멀어진 당신의 옆모습만 보아도 빠르게 뛰는 심장
괜찮다고 정말 괜찮다고 달래 보지만
좋아하지 않으면 설레는 일이 없다고
얼굴을 달아오르게 하는 주연이죠

우리, 심장 근처에서 만나요

사랑하니까 같은 속도로 뛰고 있는 심장
미워할 때도 흥분되는 심장, 주먹을 쥔 적도 있지요
주먹이 무엇을 해야 할지 아는 심장
한꺼번에 뛰지 않고 조금씩 나누어 뛰는군요
그렇다면 당신을 향해 뛰는 심장도 멈출 수가 있군요
당신을 위해 쉬어 주는 완벽한 타이밍으로
가슴에 들어 있는 주먹을 펴고 심장의 길을 터 주세요

(중략)

멀리 가면 더 잘 들리는 심장
한 걸음만 오세요, 뛰어갈게요

　　　　　　　　—「얼마나 뜨거워야 전해질까요」 부분

 이 시에서 사랑은 동일성의 증명이 아니라 속도, 간격, 쉼을 준비하고 설계하는 일이다. 사랑을 감정의 절정으로 밀어붙이는 대신, 리듬, 간격, 온도를 조절하는 기술로 다시 정의한다. 첫 행의 "당신의 심장은 멀어요"는 결핍의 탄식이 아니라 거리 두기의 선언이다. 거리가 있으니 "옆모습만 보아도" 심장은 빨라진다. 시의 화자는 대상에 무작정 달려들지 않고 "우리, 심장 근처에서 만나요"라며 중심이 아니라 근처를 약속한다. 근처는 접촉과 이탈이 공존하는 최적의 간격이다.

  더 나아가 시의 화자는 심장을 주먹/펼침의 이미지로 잡아당긴다. "주먹이 무엇을 해야 할지 아는 심장"은 타자를 움켜쥐는 욕망이지만, "가슴에 들어 있는 주먹을 펴고 심장의 길을 터" 주는 순간 소유는 행위의 과정으로 전환된다. 게다가 이 심장은 "한꺼번에 뛰지 않고 조금씩 나누어 뛰는" 유기체다. 과열을 미덕으로 여기지 않고 분할·휴지의 리듬을 스스로 설계한다. 그래서 "당신을 위해 쉬어 주는 완벽한 타이밍"은 사랑의 윤리로 승화된다.

  마지막의 "멀리 가면 더 잘 들리는 심장/한 걸음만 오세요, 뛰어갈게요"는 거리의 역설을 보여 준다. 멀어짐이 청취를 가능케 하고, 그 듣기가 다시 접속의 속도를 정한다. 결국, 이 시가 가르치는 사랑은 뜨거움의 증명이 아니라 리듬을 나누고, 간격을 설계하고, 쉬어 줄 줄 아는 움직임의 윤리다.

  한편 「문득, 서간문」은 사랑을 "넘어오는 일"로 정의하면서, 증여와 교환, 기호와 진심 사이의 오차를 집요하게 더듬는다. '붉은/흰 장미'의 대비를 통해 "꽃의 진심을 모르겠어요"라고 고백하는 대목에서, 사랑은 곧 징표의 실패를 감내

하는 훈련이 된다. 형상(꽃다발)과 감정(향기)의 불일치 속에서 주체는 스스로의 교만을 "거울에 비친" 자세로 다듬고, 관계의 선을 다시 그린다.

사랑의 기하학은 또한 정치의 문제와 관련된다.「처음보다 끝이 아름다운」이라는 시에서 화자는 "그의 사랑은 only가 아닌 everyone"이라고 말한다. 배타적 소유로 환원되지 않는 사랑은 돌을 맞는 위험을 감수하지만, 바로 그 자리에서 "그의 비유는 빛이" 난다. 원과 선이 충돌하는 지점에서 사랑은 배당과 분배의 문제로 바뀌고, 그때 시는 형태만이 아니라 정의에 대한 정치적 감각을 묻는다. 사랑의 도형은 결국 누구와 어떻게 연결될 것인가라는 정치적 질문을 향한다. 다음 구절이 그것을 잘 보여 준다.

> 그때부터 혁명은 사랑이 되었어요
> 처음보다 더 외로웠지만 아름다운 끝에 그는 혼자 있어요
> 내가 혼자일 때 그의 비유는 빛이 나요
>
> 비유가 마음에 들지 않는 사람들은 그를 죽이려고 해요
> 어제도 죽었는데 오늘도 죽어야 하나요
> ─「처음보다 끝이 아름다운」부분

3. 움직임의 윤리와 동사적 사랑

이 시집은 정태적 형상에 머물지 않는다. 형상은 언제나 운동으로 넘어가며, 그 운동은 윤리를 낳는다.

너무 뜨거워서 반으로 잘랐어요
중력으로 중심을 잡고 달리고 있어요
처음부터 덩어리라서 한 방향으로 가고 있어요
앞쪽으로 힘을 줄게요
지구의 중심은 나니까
지구가 굴러가는 속도는 다리의 힘이 아니에요
간격이죠

지구는 비타민 같아요
푸른 이끼가 자라는 땅이라면 바람이 지구를 자라게 하겠죠
페달에 힘을 주세요
분리된 지구는 뒤쪽에 심장이 있어요
소식을 마라톤으로 전한다면 지구가 조금이라도 서늘해지
겠죠

지난밤 얼마나 뜨거웠는지
소리를 질렀어요
토론하면 더 늙어 버리는 얼굴, 지구를 닮았어요

심심해서 지구로 자전거를 만들었어요
앞과 뒤는 중요하지 않아요
어느 곳을 잘라도 지구는 둥글게 굴러가는 회전문
손잡이에 브레이크를 걸면 처음으로 돌아갈 수 있어요

바람으로 가는 자전거를 만들겠어요

화성인들이 지구를 식히려고 도착했어요
화성에서 온 지구인들이 자전거를 타고 지구를 돌리고 있어요

지구의 심장 소리에 자전거가 날고 있어요

화성에 갔다 올게요
　　　　　　　　　—「자전거를 타고 화성으로」 전문

　이 시는 과열된 행성에서 어떻게 숨 쉴 것인가를 묻는 생태적 질문과 그것에 대한 답을 하고 있다. 첫 구절 "너무 뜨거워서 반으로 잘랐어요"는 파괴가 아니라 열을 가르는 분할이다. 에너지를 한 지점에 축적해 폭주시키지 않고, 덩어리를 쪼개 분산·완화하는 생태적 처방이다. 이어 "중력으로 중심을 잡고 달리고 있어요"에서 중력은 지배의 힘이 아니라 균형의 감각으로 재구성되며, "지구가 굴러가는 속도는 다리의 힘이 아니에요/간격이죠"라는 이 시의 핵심 구절은 속도를 근력·가속이 아닌 간격(거리·휴지)의 유지임을 알려준다. 생태계가 유지되는 까닭은 더 빨리 돌기 때문이 아니라, 종과 흐름 사이의 간격을 조율하기 때문이라는 깨달음인 것이다.

　"지구는 비타민 같아요/푸른 이끼가 자라는 땅이라면 바람이 지구를 자라게 하겠죠"에서 시는 생장의 주체를 인간

의 노동에서 바람, 이끼 같은 저강도 매질로 옮긴다. 이끼는 척박한 표면에 가장 먼저 붙는 개척종이고, 바람은 화석연료가 아닌 공유된 에너지다. "분리된 지구는 뒤쪽에 심장이 있어요/소식을 마라톤으로 전한다면 지구가 조금이라도 서늘해지겠죠"라는 진술은 빠른 전파 대신 느리되 끊기지 않는 순환의 과정이 지구의 체온을 낮춘다는 통찰이다. 과열된 정보·자본의 속도를 줄이고, 지속 가능한 느린 순환으로 바꾸라는 제안이다.

"지구로 자전거를 만들었어요"라는 구절은 기술이 지배의 도구가 아니라 관계의 장치가 되어야 함을 말하고 있다. "어느 곳을 잘라도 지구는 둥글게 굴러가는 회전문/손잡이에 브레이크를 걸면 처음으로 돌아갈 수 있어요"에서 회전은 진보의 일방통행이 아니라 귀환의 구조이고, 브레이크는 실패가 아니라 자제의 미덕이다. 생태 윤리는 가속의 미학이 아니라 제동·회복의 기술임을 이 시는 명료하게 말한다. 이어지는 "바람으로 가는 자전거"는 연소가 아니라 순환·호흡에 기댄 이동을 하게 해 주는 공기의 공공성을 존중하는 저탄소적 상상력이다.

후반의 화성 모티프는 외계 구원 신화를 부추기지 않는다. "화성인들이 지구를 식히려고" "자전거를 타고 지구를 돌리고 있어요"에서 타자(화성)와 화자(지구)는 공동의 회전으로 맞물리고, "지구의 심장 소리에 자전거가 날고 있어요"에서 심장박동, 바퀴, 행성 자전이 하나의 합주 리듬을 이룬다. 구원은 이주가 아니라 리듬의 공조다. 마지막 "화성에

갔다 올게요"는 탈주가 아니라 순환적 원정의 약속이다.

다음 시에서는 이런 생태적 윤리가 정치의식으로 확대된다.

1.

눈 내리는 날
모든 정물은 뜨겁게 따라왔다

수십 마리 펭귄이
행인들을 바라보며 눈을 파먹고 있다

케이프타운의 펭귄은
쌀밥과 눈송이를 구분하지 못하여 뒤척인다

인도양을 건너온 날개의 파닥거림은
언제라도 떠날 수 있다는 수화이거나
케이프타운의 바다를 떠나온 여정

눈 내리는 한국은 이민자를 위해 살기 좋은 한철
이월의 눈은 낭만이다

(중략)

2.

제발 주지 마세요

날렵한 펭귄으로 살게 해 주세요

케이프타운의 바다는 뜨겁고 하늘은 목이 아파요

(중략)

다른 행성으로 떠날 생각이라면 우리는 여기서 살게 해 주세요

야생으로 살게 해 주세요
―「케이프타운에서 온 펭귄의 서사」 부분

 이 시는 단순한 연민의 호소문이 아니라, 타자의 권리를 회복하라는 고발장이다. 1부 첫 행 "눈 내리는 날/모든 정물은 뜨겁게 따라왔다"에서 이미 갈등이 시작된다. 한겨울 한국의 낭만이 비가시적 폭염(기후·소비의 열)로 달아오른 상황을 보여 준다. 이어 "수십 마리 펭귄이/행인들을 바라보며 눈을 파먹고 있다"는 광경은 전시와 관람에서 시선의 비대칭을 암시한다. 펭귄은 그냥 있는 풍경이 아니라 쳐다보는 주체인데, 도시의 장치는 그들을 관람의 대상으로 전락시킨다. "쌀밥과 눈송이를 구분하지 못하여"라는 구절은 단순한 혼동이 아니라 생태·문화적 맥락의 박탈을 의미한다. 먹이·기후·언어(상징)의 문법이 다른 장소에 강제 이식될 때,

타자는 '뒤척이는' 몸으로 저항하거나 붕괴한다.

"눈 내리는 한국은 이민자를 위해 살기 좋은 한철/이월의 눈은 낭만이다"는 계절적 환대의 잔혹함을 찌른다. 한시적 체류 허용은 환대가 아니라 관광산업적 전시의 시간표이고, 낭만은 타자의 고통을 중화하는 미학의 언어다. "누군가 미끼를 던지며 즐기고 있다"에서 '돌봄'은 돌봄이 아니다. 먹이 주기는 통제 권력이며, 생존권을 시혜의 제스처로 예속화한다. 그래서 시의 화자는 "풍경으로 만들고 있다"고 단언한다.

2부에서 목소리는 연민을 거부하고 곧장 권리 담론으로 전환한다. "제발 주지 마세요/날렵한 펭귄으로 살게 해 주세요"라는 첫 문장은 간섭받지 않을 권리, 원서식지를 회복할 권리, 스스로 먹이를 구하고 이동을 결정할 주체적 행위를 요구한다. 마지막 "야생으로 살게 해 주세요"는 보호의 울타리를 높이라는 뜻이 아니다. 서식처의 복원, 간섭의 중단, 시혜의 금지, 풍경화의 철회를 포괄하는 최소 권리장전이다. 타자의 권리는 시혜의 대상이 아니라 정치적·법적 권한이며, 돌봄은 자율·영역·이동의 권리를 전제하지 않으면 사육과 관리로 전락한다. 돌봄이 통제와 사육으로 타락하는 순간, 인간은 타자의 삶을 고정된 정물로 만든다. 시는 그 반대편에서 움직임, 즉 야생의 자기결정을 지지한다.

움직임의 동일한 원리가 「동사로 살았다」에서 개인사/사회사로 확장된다. "여기까지 온 동사가 동사와 함께 웃었다"는 결구는, 생존과 성장의 언어가 신분과 소유를 나타내는 명사가 아니라, 가다, 기다리다, 달리다, 쓰다 등의 동사임을 확인한다. 군사·제국의 잔영, 원조의 시선, 가난과 부끄러움의 감정은 화자를 가로막지만, 그는 "달렸다", "기다렸다", '쓰라'는 동사들의 연쇄로 그 시간을 통과한다. 움직임은 사유의 결과가 아니라 사유 그 자체다.

그렇다면 움직임의 윤리는 상실과 죽음 앞에서 어떻게 작동하는가. 「비로소」라는 시는 침잠과 비상을 동일한 궤에 놓는다. "수면에 불시착하면 비로소 난 죽는다", "바닥이 시작이라고 느꼈을 때 빛이 보였다". 가라앉는 것은 종말이 아니라 새로운 운동의 기점이다. "물을 버리면 날아오르는 나의 무거운 것들"이라는 역설은, 감정의 수압을 배출하고 비중을 조절할 때 다시 떠오를 수 있음을 말한다. 여기서도 핵심은 속도와 방향이 아니라 질량과 비중, 즉 인식과 감각의 조절 능력이다.

한편, 사랑의 장면에서도 정치적 올바름은 간격과 리듬의 조정으로 나타난다. 「얼마나 뜨거워야 전해질까요」에서 "심장이 싱거우면 곧 잊어버리죠/잊지 못하면 심장이 터지기도 해요"라는 대목은, 과잉의 집착과 냉담의 건조 사이에서 감정의 농도를 조절하라는 권고다. "우리, 심장 근처에서 만나요"에서 "근처"는 정확한 한가운데가 아니라 접근 가능한 거리다. 사랑은 중심을 공유하는 일이기보다 "근처"를 유지하는 기술로 정의된다.

이 윤리는 때로 비어 있음으로 인식된다. 「아무것도 없는 사람」에서 "아무것도 없는 사람은 전부를 가진 사람"이라는 선언은 결핍이 아니라 흐름을 가능케 하는 총량을 가리킨다. "깊은 곳에는 아무것도 없어서 비밀"이라는 감각은, 깊이가 소유의 축적이 아니라 비움을 통해 열리는 통로임을 환기한다. 이때 강은 "강만 알아야 하는 비밀"을 간직한 채 "여자처럼 흘러간다". 비어 있어야 지나간다는 것, 이것이 움직이는 윤리의 다른 이름이다.

표제작 「다른 사람을 사랑해도 사랑한다」는 이러한 사랑의 윤리를 가장 극적으로 강조해서 보여 준다.

> H는 진지하게 말했다
> 뜨거우면 죽어
>
> 바다에서의 밤은 파도 소리가 있어서 지루하지 않았고
> 여전히 바다는 숨겨 둔 샛서방이었다
>
> 다른 사람을 사랑하게 돼서 헤어져 달라는 H, 다행이다
>
> 돌려쓰기 문장들이 많을수록 더 사랑한다
> —「다른 사람을 사랑해도 사랑한다」 부분

사랑해서 헤어져 달라는 말에 "다행이다"라는 전복적 응답은 소유보다 각자의 운동을 승인하는 태도를 보여 준다. "돌려쓰기 문장들이 많을수록 더 사랑한다"는 역설은, 사랑을 희소성의 경제에서 꺼내 다른 이들과의 공유라는 서정

적 코뮌으로 이행시킨다. 사랑은 배타적 중심이 아니라 겹치는 궤도의 합주인 것이다.

4. 맺음말: 기하학에서 움직이는 윤리로

이 시집 『다른 사람을 사랑해도 사랑한다』는 형태로 사유하고 운동으로 말하는 시집이다. 원·직사각형·선·회전, 물·중력·바람, 심장·자전거·장미·망고에 이르기까지, 시는 세계의 형상을 윤리의 설계도로 전환한다. 그 결과, 사랑은 동일성의 증명이 아니라 속도와 간격을 설계하는 기술이 되고, 상실은 종말이 아니라 비중을 조절해 다시 뜨는 운동이 되며, 돌봄은 전시가 아니라 야생의 자기결정을 보장하는 정치가 된다.

이 해설의 첫머리에서 말했듯, 김문자의 기하학은 지식의 도식이 아니라 살아 내기의 문법이다. "중력을 믿지만 힘을 빼" 흐르게 하고, 필요할 때는 "브레이크를 걸"어 돌아오며, "근처"를 유지하는 간격의 감각으로 타자를 풍경화하지 않는 것. 이 모든 수행이 합해질 때, 우리는 비로소 기하학적 서정을 넘어 움직이는 윤리의 상상력에 닿는다. 이 시집은 그 길의 표지판이 아니라, 길 자체, 즉 흘려보내고, 이어 주고, 되돌리는 살아 있는 선이고 또한 원이다.